AF275567

MUJER VOLCÁN

PROSA PARA INTENSOS

Hateya Vallejo

COLECCIÓN ITES

MUJER VOLCÁN. PROSA PARA INTENSOS

© Hateya Vallejo García
© Corrección: Cristina Ocete
© de esta edición: Olé Libros, 2025

ISBN: 979-13-87620-53-0
Depósito legal: V-1403-2025
Impreso en España

KALOSINI, S. L.
Grupo editorial olélibros
equipo@olelibros.com
www.olelibros.com

A mi familia y a mi niña interna:
os elegiría en esta, y en todas las vidas.

PRÓLOGO

Qué injustos somos con los intensos.

Y me incluyo tanto en el saco de los intensos como en el de los injustos. Porque siempre fui en contra de mi naturaleza huracanada, pensando que lo ideal era vivir al margen de tus emociones. Pensando, además, que los intensos éramos personas rotas en busca de cariño.

Lo curioso es cuando el cariño está, pero el volcán sigue sin apagarse. Y es ahí cuando ves a esos valientes con nuevos ojos: sintiendo con fuerza, creando su propia revolución de amor contra un mundo cada día más anestesiado.

Proclamándose locos por la vida, mientras otros les colocan cientos de etiquetas *new age* con las que ocultar un deseo común por vivir apasionadamente.

Este libro no es más que un homenaje para aquellos que toman cada día el valor de vivir con el alma llena de sueños y emociones. Para aquellos que, sin saberlo, le devuelven la luz y los colores a un mundo que a veces no los comprende.

Intensos, esto es para vosotros.

Amor vincit omnia.

VOCES

Por si el frío de la noche me asola,
me he abrigado en vuestras voces de terciopelo.
Que, lejanas en el salón de la memoria,
huelen a hogar, a calor, a recuerdos.

Él, que en sus quince piedras nos mecía.
Ella, al compás de a la ea, ea.
Y volviendo del colegio,
Un ruiseñor nos da la bienvenida.

A mi lado suenan voces de riñas y juegos.
Voces de un guerrero, el mejor de los hermanos.
Y a su fuerza se une la gracia y la dicha
De dos pequeños soles en nuestros brazos.

La voz de los sueños y de quien supo cumplirlos.
La experiencia, hablando con errores y aciertos.
Las luces y sombras, que armonizan con los años,
de quien se va gritando y de quien llega cantando.

La voz de villancicos que suena a familia.
Un canto enloquecido de risas y patriotas,
cuyos corazones bailan al son de su tierra:
«Turí, turí, turí, los de la Línea, los de la Línea».

Voces que se equivocaron,
y voces que, sin saber cómo, se arrepintieron.
Voces que oculté en las tinieblas,
y voces que volvieron, pidiendo un abrazo.

Voces, que me han envuelto.
Que en su melodía me dibujaron
como un ser hecho de sueños.
Como un pentagrama lleno de risas.

Un canto de sirenas,
que me volvió loca de remate,
y que me acuna bajo las estrellas
en noches frías como esta.

El primer día de tu vida

Los comienzos no son una erupción repentina.
Por más que lo intentes, no puedes forzarlo.
Al igual que una mariposa necesita su tiempo
para crear en silencio sus nuevas alas.

Tu nueva vida empezará sin que te des cuenta.
Un día simplemente te mirarás al espejo
y verás tus ojos ardiendo por primera vez,
llenos de ilusión y ganas de vivir.

Un día, los problemas que te oprimían el pecho
simplemente dejarán de ser problemas
y esa sensación de andar
sobre un campo de minas
desaparecerá bajo prados verdes
y un manto de estrellas.

Todos estos años, que creíste
estar perdiendo la cordura
habrán contado en cada segundo, cada derrota
que no eran más que victorias silenciosas
acalladas por el enemigo que torturaba tu mente.

Para ese entonces, entenderás
que nunca estuviste sola.
Que todos aquellos que te amaban
estaban siempre contigo
enseñándote con sus palabras, con sus errores.
Y qué afortunada eres de que ellos
sigan creciendo a tu lado.

Tú, que contabas con ser una cifra más.
Un simple borrón en el papel,
decidiste no rendirte, seguir luchando.
Y ahora eres un milagro de la vida.

El sufrimiento no es eterno,
un día recordarás estas palabras.
Y espero que en tu nuevo comienzo
Encuentres la paz que andas buscando.

MIL VIDAS

Cuántas noches he jugado a soñarte.
Cuánto debimos amarnos en otra vida
Si siento que nunca pertenecí a alguien
tanto como a ti ahora te pertenezco.

Dime dónde te escondiste todos estos años,
o si yo llegué tarde a nuestro encuentro.
Y por qué te refugiaste en sus brazos
si los míos, sin saberlo, te estaban esperando.

Quizás esta no era nuestra historia.
Quizás nuestro tiempo ya ha pasado.

Y si ni en mil vidas vuelvo a verte,
prometo buscarte en los albores del infierno.
Porque ni mil vidas, ni la muerte
volverán a separarnos.

Pero si nuestro tiempo aún no ha acabado,
si en este suspiro te sueltas de su mano,
no tengas miedo, no te escondas de nuevo,
que llevo todas las vidas esperando.

MULTIVERSO

En otro universo, la alarma ha sonado a las 9.

Te levantas de un susto creyendo que llegas tarde.
Pero es fin de semana, y hoy desayunamos tortitas.
En otro universo, andas pegado a las sábanas
y yo canturreando como un gallo mañanero.
Así que doy un salto en la cama
para molestarte y comerte a besos.

El olor a café inunda la casa.
Y, como siempre, suena música en el salón.
Se nos van las horas con la nata y las risas.
Pero hoy no hay prisa, hoy está lloviendo.
Así que quedarnos encerrados en casa
suena como el plan perfecto.

En este universo, hoy sonrío.
solo porque me has invitado a un dulce
desde el otro lado de la barra.

En este universo, ella espera en casa
con música y café caliente
mientras fuera, está lloviendo.

PANDORA

Cuento los días para verte.
Como Démeter espera a su hija
a las puertas del Inframundo
antes de traer la primavera.

Me cargaron con esta ánfora maldita,
y como fruta prohibida
te paseas por mi mente
desordenando cada esquina.

Envidio a los demonios,
a los tramposos y delincuentes
que te robarían sin el miedo
de no cumplir con lo correcto.

Cuento a cuántos buenos días
estoy de buscar tu talón débil.
A cuántos cafés estoy
de que mi alma pierda el norte.

Pero mientras, lucho desesperada
tratando de sobrevivir a tus ojos
En vez de pensar en el mañana
solo cuento los días para verte.

Miedo

El miedo es blanco, o es negro.
El miedo esconde, ensombrece, oculta y entierra.
Es un abismo silencioso del que todos huimos.
Y al que solo unos pocos saltan.

Porque el miedo,
en manos de valientes es luz y guía.
Es faro para un alma perdida
en busca de respuestas.
Es un letrero luminoso que dice:
Es por aquí.

Las guerras más oscuras nacieron del miedo.
Al igual que las historias más heroicas.

El miedo es imparcial. No entiende de por qué.
Solo entiende de verdad.

Y la verdad del miedo puede cambiar el mundo.
O convertirse en un arma de destrucción masiva.

La clave no está en huir del miedo,
sino en arroparlo,
en convertirse en hogar y cobijo.
Porque darle la mano,
es hacer las paces con la vida.

SUERTE

La suerte es una amiga caprichosa
que te acompaña a placer y, a ratos,
te deja clavada de rodillas.
Sin embargo, a veces te sonríe
y todos los ratos oscuros
en los que la buscaste desesperada
simplemente desaparecen de un plumazo.

En esos momentos de luz te preguntas
si cuando parecía que no estaba contigo
ella estaba ahí, haciendo su trabajo.
Sabiendo más cosas que tú,
viendo todo lo que tú no lograbas ver
con los ojos vendados.

Quizás no exista la buena y la mala suerte
y simplemente todo sea una suerte.
Una suerte de piruetas inesperadas
y de subidas y bajadas en una montaña rusa
de la que no puedes salir, y que a gritos
pides que nunca se acabe.

No sé si de la que te hace reír o llorar.
Si de la que sonríe, o de la que viene a golpes.
Al fin y al cabo ¿cuál es la diferencia?

Pero aún sin saber
si será una suerte que te vayas...

Amigo, qué suerte que viniste.

REDENCIÓN

Ella se cansó de nadar a contracorriente
de tratar de llevar las riendas del destino
jugando a ser Dios con la vida.
Y en su eterna huida de la incertidumbre
el caos le ganó la partida.

Y encontró, más allá de aquel agujero negro
la libertad de no saber, de no entender.
De simplemente, vivir
sin jugar a las adivinanzas.
Sin el peso de la bola de cristal a sus espaldas.

Ya no existía la duda.
Puesto que flotaba en los minutos del reloj
como soñando despierta.
Ella ya no esperaba. Ya no buscaba.
Solo iba encontrando magia en el camino.

Bajó las ventanillas,
y su pelo se enredó con el viento.
Nada pudo importarle menos,
porque gritó en aquel coche
como si ese día hubiese descubierto
su voz por primera vez.
La radio siguió su canto de libertad
en un dueto inesperado:
Dejarse llevar suena demasiado bien.

PAULA

Paula no sabe que no volveremos a vernos.
Que esta noche, por fin, la dejaré descansar.
Después de tantos años de lucha.
Después de tanta culpa y descuido.

Ojalá recuerde que lo intenté.
Que quise protegerla y no supe cómo.
Ojalá y con mi partida se vaya el dolor
y sus ojos de niña vuelvan a brillar.

No paro de darle vueltas mientras hago las maletas
a qué le diré antes de cruzar el umbral.
Antes de que olvide mi nombre
y empiece una nueva vida.

Qué le diré ahora que...

¡Vaya! Mira quién se ha despertado.
Paula está en el umbral de la puerta.
Vistiendo un chaquetón sobre el pijama,
un gorro y unas botas de lluvia.

Sus ojos sí que brillan. Sonríe.
Nada parece perturbar su paz por primera vez.
Sabe que me voy, que empiezo de cero.
Pero en contra a todo lo que creía...
Ella viene conmigo.

CERTEZA

Una pausa con tintes de comienzo.
Un invierno con fragancia de jazmines.
Un paréntesis en la primera página.
La tempestad que precede a la calma.

Hoy el miedo en las tripas
vino con buenas nuevas,
hoy la incertidumbre vistió sus galas de certeza.
Porque algo, llámalo fe, simplemente lo sabe.

Que su pelo revuelto sería mi despertar favorito.
Y sus lunares, una partitura para mis labios.
Que siempre tendría las palabras correctas,
y que arrancaría todos los miedos a bocados.

Que había encontrado un faro en la tempestad,
Que iluminaba mis demonios y apagaba fuegos.
Que sostenía el mundo en sus hombros
sin un solo atisbo de duda.

Tiene los ojos arrugados de reír,
y brillantes de soñar.
Tiene un corazón valiente,
de tanto llevar el amor por bandera.

Tiene ya mi corazón en sus manos,
y aún no nos hemos encontrado.

Réquiem

Carmen se escondía entre casapuertas,
vestía un manto de estrellas como bata de cola.

El repique de sus tacones
anunciaba la medianoche a los bandidos.

Pero ella, con una colección
de corazones en su alcoba,
era más que una ratera:

Ella podía clavarte esos ojos de azabache
como manos santas a un madero.

Carmen arrancaba su piel morena a jirones,
sus manos peleaban contra el viento.

Nadie sabía qué clamaba
ese incendio de mujer y palmas,
que aquejaba por soleares un penar de amores.

Encajes nacarados de luna serena y plateada
Carmen agitaba con rabia y porte
en su infierno de guitarras mudas.

Su pelo dibujaba olas alborotadas
que rompían contra su espalda
y a su madre clamaba:

«Dime dónde me escondo
en esta noche serena y fría.
Que mi gitano se me ha ido.
Que él me dijo que vendría».

Carmen, como invocando a la Muerte,
baila desgarrada
pidiéndole que la lleve esa noche con su gitano.

Que se deben un beso y una rosa,
una noche y un fandango.

LUMBRE

Donde hubo fuego, cenizas quedan.
Cenizas, de incinerar un amor muerto.
Al fin y al cabo, para qué enterrarlo,
si nunca hubo flores, notas ni despedida.

Donde hubo fuego, no hubo magia.
Ni más bailes que los arrancados de una súplica.
Tu ropa en el suelo, una cama vacía.
Y tus maletas, siempre listas en la puerta.

Donde hubo fuego, hubo lágrimas
para extinguirlo con cada ausencia.
Que regaron pacientes un vacío lleno de vida,
brotando tras tu partida como mil primaveras.

Donde hay fuego, todo arde.
Y tras el humo se vislumbra
la visión de aquella niña.
La lumbre de una mujer desplegando sus alas.
Un ave fénix renaciendo de sus cenizas.

Flandes

A un caballero de blanca vestimenta
se aproxima mi intrépido sombrero.
Que, pese a sus finos ropajes,
no esgrime más que un negro vacío.

Que espera escribir su sino
bajo el yugo de mi pluma.
Una pluma afilada por el tañido
de los años decadentes.
Tan cortante y precisa como el acero toledano.

Qué oculta tal mercenario bajo su capa
sino a un torturador de musas
que acalla la bravura de una verdad bien escrita.

Sin embargo, a buena fe le digo
que no es un oponente cualquiera.
Debo decir que es, sin duda alguna,
el mejor duelista que he enfrentado
en mis cortos años de vida.

Tal será nuestra sincronía,
que lo que comienza como un duelo a muerte,
se convierte en un soberbio vals bien ensayado.

Un, dos, tres, estocada.
Y ante tal elegancia se revela una encarnizada lucha
que deja heridas sangrantes de tinta,
cicatrices tornadas poesía.

Cruel maldición
la que se ciñe sobre nuestros estoques,
condenados a permanecer invictos y vencidos.
Dejando a esta pluma vacía tras el combate,
que renace con la luna
como las entrañas de Prometeo.

Acabando ese folio en blanco herido
y marcado de palabras.
Volviendo en cada duelo
en busca de otro porvenir no escrito.
De una nueva cicatriz que suplica ser leída.

CLAQUETA

Heridas de película.
No esos bodrios predecibles de las cuatro.
No, HERIDAS, en mayúsculas, de las de Óscar.

Que aparecen sin esperarlas,
como quien pasa de canal
sin buscar nada en concreto.
Que son tan premeditadas
que hasta vienen con su combo
de refresco y palomitas.
Y que, si llevas las gafas apropiadas,
se sienten en cada poro de tu piel
a cada minuto que pasas en vela,
dando vueltas en la cama.

Recuerdos,
que se suceden como fotogramas.
Con sus giros dramáticos
y una soberbia banda sonora
que se apodera de tu cabeza
en forma de «Repetir canción» en Spotify.

Las hay que no las entiendes
y tienes que volver a verlas.
Son esas que te hacen gritar
por más que veas venir el susto.
Que arrancan amargas lágrimas de tus ojos.
Esas que te dejan preguntándote
por qué no todos los finales son felices.

Aún me sorprendo buscando
el botón de «Repetir historia».
Pero no todos los «Continuará»
merecen una segunda parte.
Solo nos quedan las tomas falsas.
Besar nuestras cicatrices.
Y reírnos de nuestras heridas.

Tic, tac

Un minuto, por cada lunar
en el pentagrama de tu espalda
que incite a cantarnos bajito,
y a sentir hasta los silencios.

Que, cansados de recuerdos,
nos hemos deshecho los miedos,
y casi la boca.

Que nos hemos mordido con tanta prisa,
que las pausas se nos han hecho cortas.
Y escapistas. '

Como nuestra ropa.

Cuenta un minuto
por cada vez que no sea correcto.
Otro por cada vez que huya,
por si quedándome me vuelvo cobarde.

Por si me atrinchero tras el pasado,
y acabamos por solo comernos entre líneas.

Y sigue contando.
Que siga sumando el minutero.

Que voy a destruir el reloj.
Que nos lo merecemos.

Cuentos

Hice el intento de ser princesa.
Y me han nombrado la rana
más canalla de la charca.

Quizás por joderle el invento a Gretel
y saborear cada migaja
a lo largo del sendero.

Por eso ahora
no sé dónde está el camino.
Por eso ahora
puedo andar por donde quiero.

Cual Caperucita a la deriva,
que encuentra el camino a casa,
y cambia de rumbo
con un machete entre los dientes.

Te preguntarás por qué tanta libertad
pone nerviosos a los lobos más feroces.

Y es que, a esta Caperucita,
le gusta que la miren a los ojos.

DUENDE

Quedémonos en este patio, contándonos secretos.
Agárrame sin miedo, soy tuya esta noche.
Recorre mis curvas, ahora que todos duermen,
ahora que el silencio no ampara
más que a poetas y ladrones.

Que jueguen tus temerarios dedos
con mi pecho vacío
y seamos uno, mientras nadie esté mirando.
Que doy raza y son a tus sentidos.
Y te los dejo en canciones, sellados a fuego.

Cántame al oído, ya has callado suficiente.
Hazme poesía con tus manos
y libera a esta prisionera,
atada por seis cuerdas.
Que voy borracha de compás
y ardiente de historia.
Que voy a beberme tus penas en un fandango.

Y di que soy tuya, si tienes valor de atar
a la ama y esclava de las verdades.

Que mi llanto abandera la libertad del sur.
Que mi canto, fiel amante...
Mi canto no tiene dueño.

AL NATURAL

Transparencias.
Nada de encajes, nada que intuir.

Transparencias en el alma.

Enseñándolo todo sin pudor,
transparentes, como el agua.

A pecho descubierto, con los labios al desnudo.
Sonrisas perpetuas y sinceras.
Complejos, de la forma más sencilla.
Corazones descalzos, con los pies llenos de arena.

El típico acertijo que trae la respuesta
al borde de la página.

Solo tenemos que leer la página entera.

Solo tenemos que dejar de leer entre líneas.

PINOCHO

Para decir verdades a medias,
mejor decir mentiras.
Que hay que tener más agallas.
Las mismas que para gritar verdades.
Para abrirte el canal y sostener
la mirada sin esconderla.
Con la seguridad de esgrimir la realidad
como un puñal afilado.

Igual es que esta apariencia empalagosa y rococó
solo le quita peso a lo que se escribe.
Igual es que esta nariz tan larga
se ha cansado de mentir con tímidas verdades.

Con lo sencillo y rápido que es:

«Te echo de menos».

Como una flecha. Directo al corazón.

EL VUELO

Al calor de aquel tejo de ramas viejas,
refugiada en sus ancestrales entrañas
vive una joven y temeraria golondrina
que con los primeros brotes de la primavera
procede a saltar al vacío.

Sin duda ni temblor en su canto,
sin expectativas de éxito o de fracaso,
se zambulle en el aire sin previo aviso.
Y sus valientes, pero deformes alas
se dan de bruces contra el suelo.

Y ahí reposa, tirada en la hierba.
Camuflando sus lágrimas
entre el rocío de la mañana.
Pero obstinada como es, no se da por vencida.
De un brinco se levanta, y sobresalta al tejo.
«Ahí la tienes, va a intentarlo de nuevo».

Tras una larga escalada al punto de partida
nada ha cambiado en su semblante
que ni dolorido, ni hastiado
se entrega al fantasma de la derrota,
ni tiembla ante el imponente vacío.

Ante tal insensatez, el tejo interviene
para implorarle un atisbo de cordura.
«Golondrina que habitas en mi pecho,
abandona este vano esfuerzo,
que tus alas no soportan semejante carga».

La golondrina enajenada,
no entendió las advertencias del tejo
puesto que sus alas, aunque deformes
habían sido hechas para eso.
Así que una vez más,
saltó sin el menor atisbo de duda.

Sus alas se desplegaron, y bailaron con el viento
ante la incrédula mirada del anciano tejo.
Ella tomó sin sorpresa la hazaña,
pues era una golondrina, y volar para ella
era un milagro inevitable.

Aroma de mujer

Se mordía el labio, traviesa.
Con la mirada entornada,
señalando en silencio hacia la puerta.

Y cómo no iba a volverme loco
si estaba más guapa que nunca.

La seguí, sin disimulo ni discreción.
Quería que todos supieran que era mía,
que había vuelto,
y la iba a volver tan loca
como me había vuelto ella a mí.

Adrenalina pura.
Nos comíamos sin cuchillo ni tenedor.
Con las manos desnudas,
y alguna que otra prenda de menos.

Intrépida.
Andaba derrapando entre barrancos.
Despeinada, con el rímel desbaratado del sudor
y de alguna que otra lágrima.
Con más rojo en mi camisa
que en sus labios canallas.

Olía a mujer,
A puro habano y *whisky* 20 años.
A noche, incienso y teatro.
A mar. Sí, a mar.
Hasta se pone tierna cuando le acarician las olas.

Vida la llaman.
Con todo lo pirata que es
y me quiere siempre para ella.

Y a mí, que me sigue pareciendo poco.

El beso

Quién conoce el verdadero sabor de un beso,
si nunca se han sentido como golpes de martillo,
como un cañón apuntando a la garganta.

Quién conoce el verdadero sabor de un beso,
cuando no se han tenido pesadillas con ellos.
Es como quien ve un cerezo en flor,
al que nunca se ha visto
marchito en el crudo invierno.

Quién conoce el verdadero ser
de un beso sin miedo, valiente.
Sin prisas, y con tantas pausas
como sonrisas se escapan de la boca.

Un beso desganado por irse,
y con ganas de ser más beso.

Un beso dulce y paciente.
Un beso salado y canalla.
Que, hasta impregnado por el humo de un cigarro,
sabe a miel y a canela.
Un beso, que se vuelve amargo si se acaba.

Viajeros errantes y marchitos,
que cargan a sus espaldas
la lacra de haber sido títeres de un beso mentiroso.
Quienes sufren en silencio
tras una despreocupada máscara de hierro.
Solo ellos conocen las dos caras de la moneda,
solo ellos han sido capaces de saborear
la vida en unos labios.

Y desde entonces,
no han querido más que besos.

CENICIENTA

No quedaba nadie más en el salón.

En el silencio de la noche,
trataban de esconder sus dudas en el reloj.
Por si perdía la cordura
y dejaban de pasar las horas.

Ella rompió el silencio
en el tintineo de sus pequeños y decididos pasos.
Dejó sus tacones de cristal,
donde él pudiera verlos.
Desabrochó su vestido,
y dejó que se deslizara
lentamente por sus hombros.

Y, como quien acaricia a un fantasma,
comenzó a bailar.
Frente a aquel testigo de ojos curiosos
y mejillas encendidas por el rojo de sus labios.
La luna entornaba su figura,
y en sus mil vueltas a la moqueta del salón,
lucía como una tierna bailarina
anclada a una caja de música.

Aquel traicionero reloj no enloqueció.
Y dieron las doce.

Los zapatitos se desvanecieron en la oscuridad.
Y donde antes se hallaba
aquel majestuoso vestido,
ahora solo se encontraban sus habituales harapos,
y una mujer, princesa o no,
al desnudo.

«Por favor, no pares».

Así que rugieron las campanas.
Y ante sus tímidos ojos,
ella siguió bailando.
Hasta las dos, las tres...
Hasta las tantas de la mañana.

DIVAGAR

Podría decirte que ha sido fácil.

Porque cada piedra en el camino fue coser heridas,
y cantar música negra.
Porque pinté caras sonrientes
en un cristal empañado.

Podría decirte que nunca se me dio bien
ser políticamente correcta.
O que solía no ser capaz
de contener mis emociones.

Quizás tenga algo que ver
con que me aferre a su espalda
con la misma fuerza con la que
me muerdo el labio al verte reír.

Podría decir mentiras, para salvaguardar
lo que los ojos callan a gritos.
Pero se me da mejor esconderme de las verdades
que yo misma voy escupiendo al cielo.
Verdades que, al final,
acaban cayéndome en la cara.

Podría decirte tantas cosas...
Y, una tras otra, ver cómo me va tragando la tierra.
O podría callarme.

Pero, por qué no seguir hablando.

Colombina

Te queda bien la máscara.
Va a juego con la mentira
en la que has estado viviendo.
Con tus ojos escapistas.
Con tu risa forzada,
y tu miedo a los silencios incómodos.

Va a juego con ese loro complaciente
en el que te habías convertido.
Esa mansedumbre en que disfrazaste
tu mal genio y tu rabia.
Esa niña insegura, incapaz y perdida.
Esos puños que pasaron a ser un par de dedos
cruzados en la espalda.

Tu máscara me estorba.
Porque conozco a la mujer
que alberga a su sombra.
Porque tu máscara da más miedo
del que daba quedarse sola.
Porque te ha obligado a odiar
el fracaso y el rechazo.

Tu máscara está bien
para un payaso de circo,
para alguien que quiere que el mundo
se ponga en sus zapatos.
Así que enséñales la peor de tus versiones.
Porque estás mucho más guapa
cuando el mundo no te entiende.

Redoble de tambores

En esta fría noche
que tiñe de púrpura los sentidos,
desdibujan las olas turbulentas
el reflejo de la luna serena.

En esta fría noche,
que entrecorta las voces trémulas,
se desnudan las mentiras piadosas
de dos almas inquietas.

En esta fría noche,
el silencio se corta con cuchillo
al implosionar un par de «te quiero»
en lo más hondo de las gargantas.

En esta fría noche,
el frío ya no quema
en la yema de los dedos.
Y la noche se desdibuja
con las primeras luces del alba.

En esta fría noche,
que ya no es noche ni fría...
Hemos amanecido
al calor de nuestros labios.

El único sentido

Amar.
Sin lógica, sin medida.
Sin un solo porqué y contra todo pronóstico.
Amar porque sí.
Porque antes de ver la luz, ya sabíamos amar.
Porque es nuestra única cualidad innata.
Y porque es lo único que sana al mundo.

Amar con valentía
y elegir cada día luchar con los demonios de otro.
Preguntarte mil veces si escogiste bien
y responder mil y una veces lo mismo.

Sí.

Un sí que te conecta con lo humano,
lo imperfecto, lo difícil.
Un sí que cubre de luz
cada rincón oscuro de nuestra alma.

Un sí para hacer hermano a tu enemigo.
Sentir sus miedos como tuyos
y saber dejarlo ir con la certeza
de que el amor curará sus heridas.

Amar es de cuerdos dentro de este mundo loco.
Que ningún demente te venda lo contrario.
No es que el amor no tenga sentido.
Es que amar es el único sentido.

SENA

Por qué debería molestarme en aprender a escribir
«Te quiero» en francés,
para ponerlo en un candado.
Si tú no eres mucho de palabras.
Y yo soy muy poco de tirar la llave al río.

Al fin y al cabo, las palabras se las lleva el viento.
Yo te entiendo mejor cuando me miras.
Y tú me amas más bonito sin candados.

No obstante, te podría querer en todos los idiomas.
Para llevarte tan lejos
como nos permitan las pandemias.
Para que los besos sepan a mundo.
A café parisino, a campiña italiana.

De todas formas,
no creo que necesites que te traduzca.
Porque si te ríes...
Tú solito dejas al mundo sin palabras.

Bucólico

Mecer el pelo al viento,
y que con cada brizna de aire
alcen el vuelo mis alas rebeldes.

Que el vaivén de las hojas
se convierta en arrullo para los ojos dormidos,
y el canto de los pájaros
llame a la noche a vestirnos de sombras.

Que en el ocaso no se esconda
más que el Don Lorenzo,
y el inquieto miedo de unos labios
que ya no saben si huir o quedarse a ver amanecer.

Que la hierba sirva de lecho para nuestros sueños,
y lo que queda de sol nos haga arder tan pegados
como para creer que soñamos despiertos.

Que la luna te embauque,
te embriague, te esconda
y me encuentre en el camino.
Yo me quedo a tu vera por si te pierdes,
por si me pierdo.

Y si nos perdemos juntos...
Ocúltate en mi pecho.
Ya encontraremos la forma
de que nadie nos encuentre.

NOSTALGIA

Echar de menos no siempre duele.

A veces, sin quererlo, dibuja
una pequeña sonrisa en tu comisura.
Hace que cierres los ojos y sientas el pasado
en cada poro como agua de mayo.
A veces, te arranca un par de lágrimas.
Y ojalá todas las lágrimas fueran tan tiernas
            [como las que derraman los recuerdos del alma.

Echar de menos no siempre duele.
Es como soplar el polvo de un libro viejo
y volver a navegar entre cada página,
volver a perderte entre muecas y carantoñas.
Es esconderte en unos labios,
en un par de cervezas,
suplicando que nadie te encuentre
y te devuelva a un presente
aparentemente perfecto.

Echar de menos es volver a dormir en los brazos
de aquella inocua inocencia
que tantas veces curó tus miedos.
Es volver a sentir en tu pecho el calor de quienes
te enseñaron a volar más allá de lo imaginable,
y que se convertirán en tus alas
siempre que tus ojos brillen al oír sus nombres.

Echar de menos es coleccionar
cada momento en tu memoria,
clavarlo como un estandarte
que ondea al viento.

Pero a ti no quiero, compañero,
seguir echándote de menos.

FINA

Recuérdame.
Cada día. Sin demora.
Con suma prioridad.
Tan rápido como te permita tu ajetreada cabeza.
Que la mía no está para muchos trotes.

Recuérdame quién soy, quién fui.
No dejes que se me olvide.
Recuérdame por qué estoy aquí hoy,
empapándote la camisa de lágrimas,
con lo orgullosa que fui
cuando tuve motivos para llorar.

Sacúdeme, pellízcame.
Hasta que vuelvan a dolerme las caderas
de tanto que bailé hasta las tantas.
Hasta vuelva a sentir el mar
acariciándome los pies.

Haz que vuelvan a brillarme los ojos
con todas y cada una de las estrellas
que he contado a lo largo
de estas largas primaveras.
Por si contar estrellas en vez de ovejas,
me ayuda a recuperar cada momento
que se escapa de mis brazos.

Recuérdame cuánto amo la vida en todos
y cada uno de sus matices y sabores.
Cántame de nuevo todas las canciones
que me ponía en bucle en el salón.

Y hazme reír.
Hasta que no pueda más.
Hasta que se me olvide
por qué estaba llorando.

Recuérdame. Aunque un día,
sin querer, yo te haya olvidado.

EL GATO DE SCHRÖDINGER

Hay algo de divertido en la incertidumbre.
En no tener las cosas en tu mano.
En dejar el volante en manos ajenas.

Hay algo de travieso en mirarte
y pillarte mirando.

Tratar de imaginar
en qué puedes estar pensando.
Y que todas, o quizás ninguna
de las opciones sea la correcta.

Como ese gato que,
hipotéticamente,
está vivo y muerto a la vez.

La atracción de Schrödinger,
deberíamos llamarlo.

Quizás eso sea lo interesante.
No saber qué va a ser de nosotros.

No sentir,
o quizás sentirlo todo.
No hablar,
o mirarnos hasta comernos.

Jugar a balancearnos
hasta encontrar el punto medio.

Tan caliente que sudemos sin quemarnos.
Tan frío que nos acurruque sin helarnos.

Y si el gato está vivo,
que sirva de indirecta.
Si el gato está muerto,
que sirva de poesía.

LEONA

Vivir. A ciegas. Al desnudo.

A ciegas para acabar con la costumbre
de revivir un pasado sin curar,
en un futuro que aún no existe.

A ciegas para sentirlo todo.
Aquí, ahora.
Para entretenerte bailando por el camino
sin mirar al horizonte y castigarte
por lo lejos que tienes aún la meta.

Si es que realmente existe alguna.

Para beberte los días a sorbitos pequeños
y comerte entero el mundo
sin saber si quiera por dónde empezar.

Porque ya no existen los planes.
Ni los finales felices,
ni las sonrisas forzadas.
Ya no queda ni siquiera
un propósito de vida.
Simplemente queda disfrutar de que, casualmente,
entre miles de años,
miles de personas y planetas...
Hemos coincidido.

Al desnudo.
Que esa armadura orgullosa y egocéntrica
pesa demasiado para tus alas.
Que como Dios te trajo al mundo
se te ven mejor las curvas.
Y se sienten más las caricias.

Al desnudo para que se te vea el corazón
y las intenciones.

Que se note que tu carne
no es a prueba de balas,
ni a prueba de idiotas.
Que, si una herida te abre las carnes,
pueda ver cómo te vuelves a levantar rabiando
y pueda decir:

«Ahí va una leona».

Que eres humana. Sangras, lloras, ríes
y resurges de tus cenizas si te queman.

Así que ahí voy.
Sin más plan que dejarme llevar.
Sin más armadura
que mi piel al descubierto.

JÓVENES ETERNAMENTE

Dicen que el tiempo
se nos escapa entre los dedos,
los que no saben construir
castillos de arena.

Quienes se han atrincherado
en el ayer y en el mañana.
En el debo y no en el quiero.
En el «Soy mayor para estas cosas».

Dicen quienes no saben
más que vivir con prisa,
que el tiempo es traicionero.
Mientras ellos mismos
se venden a la muerte
por mil monedas de plata
y un puñado de prejuicios.

Dicen los que dicen haber vivido
que todo tiene su hora.
Y la nuestra es ahora o nunca.

Lo que no saben los que dicen
es que sabemos vivir lento.
Y ese es nuestro privilegio:

Tenemos todo el tiempo del mundo.

ADÁN Y EVA

Si el Edén no se encuentra en tu sonrisa,
que baje Dios y me lo niegue.

Ya descubrí que en esa tímida mirada
guardó el susurro de las olas.

Y si, bien cauto, escondió la tentación
en el abismo de tus besos
que me lleven al infierno.

Pues no existe manzana más dulce,
labios más sabrosos,
ni pecado más perfecto.

CÁDIZ

La paz y el cachondeo.

El descanso del alma,
donde en su orilla encuentran reposo
los pies hastiados y descalzos.
Camino para el descaminado,
y para el que se halle
demasiado cansado de caminar.

Cádiz, de carnás y bohemios
palpitando al compás de un servilletero.
La que escribe su historia
a golpes de pluma y guitarra.
La que escolta sus esquinas
con cañones y bombas de papelillos.

De almas viejas, como su patria trimilenaria.
De jóvenes poetas volando de casa.
La que, con un humilde puñado de parné,
guarda una fortuna de plata en sus escolleras,
y una catedral que se torna de oro
al despuntar el Don Lorenzo.

Cádiz, que ya te nombraron
la del sol, la sal y el son.
Cuna de los locos, desatados por el viento
marinero y caprichoso.
Que eres madre, patria y faro
para las barquitas y viajeros errantes.

Que perdidos en tus aguas,
quisieron volver a naufragar en tus brazos.

Reza porque tanta realidad
no nos vuelva cuerdos de remate.
Que no hay mayor bendición
que vivir loquito por tus huesos.

SENTIDOS

Canto de las Náyades,
olor a hierba,
un beso de café,
el sol del sur ya reposando.
Y un viejo arrullo de papel,
para colmar mi pecho de caricias.

Vida, qué tendrás
que tanto embriaga mis sentidos.

Bajo llave

Nos encerramos.

Fuego en las paredes, los minutos
se escapan por los resquicios.

Huyen despavoridos,
por si acaban aplastados
entre nuestros labios.

En el pecho, cada vez más sitio
para los latidos.
Seguramente por eso de que
me quitas el aliento.

Se cierran los ojos.
Se cierran tus brazos en mi cintura.

Qué silencio tan peligroso.
Cuando no podemos controlarlo.

Cierra la puerta.
Con llave.
Por si acaso nos están buscando.

AGUA

Donde se lavan los pecados
y se detiene el tiempo.

Donde se desenmascaran los cobardes,
y a los valientes les tiemblan las piernas.

El oscuro vientre de una madre,
inundado de silencio.

El constante tañido de las olas,
una fragua que se moldea a sí misma caprichosa.

Que vive en un eterno romance
peleando contra el viento.

Agua impura e inmaculada.
Amante fugaz y viajera,
traicionera y peligrosa
como la peor de las mujeres.

Agua, que es el espejo de los mortales.
Una sabia Moira
que teje y corta los hilos de la vida.

Una leal anciana,
siempre jovial y poderosa.

Que es cura para las penas.
Que vive en el sudor del que trabaja
y en las lágrimas de quien espera.

Agua.
Besos de espuma, sal para mis heridas.
Libre y eterna compañera.

PIRATA

Nunca tuve intención de darle ni orden
ni estructura a lo que escribo.
De ahí que no se me dé bien
seguir las normas.

De ahí que lo que te escribo
solo sean un montón de palabras
puestas en el orden correcto
por una persona políticamente incorrecta.

Quizá mi incorrección
te resulte abrumadora.
O quizás te roce el alma
con la punta de los dedos.

Sea cual sea tu intención
Al aventurarte a leerme
te digo de la forma más canalla:

De una pluma afilada
nunca se sale ileso.

Niños

Hay días en los que,
aun creyendo cargar el mundo sobre los hombros,
el corazón se hace liviano.

Pesa tan poco
que sientes que vuela.
Y te hace elevarte en consecuencia.

Será por eso que a los ángeles los pintan con alas.
Porque tanta ternura
no puede ser domada por el peso de la gravedad.
Porque la Tierra quizás es demasiado impura
para quienes van al son del viento.

Y aquí, con un regalo tan preciado,
y con unas alas prestadas,
me dispongo a volar.
Por donde ellos me guíen.
Hacia donde me lleven sus pequeños y firmes pasos.

Que son,
desde que llegaron al mundo,
la mayor y más bella de las revoluciones.

VACÍO

Hay veces que todo está bien.
Hay veces que te faltan las palabras...
O que simplemente sobran.

Que por fin puedes sentarte en paz.
En silencio. Y descansar.
Pese a lo que venga.
Que ya ni siquiera te estorba en el horizonte.

Ahora... El lienzo está en blanco.
Y queda toda una vida, todo un mundo por pintar.

Queda tanto por hacer...
Y nada, nada por hablar.

El querer

Dejo este tímido sí, por si el «quiero» un día
se escapa entre tus labios:

Quiero quererte cada segundo
con la yema de mis dedos.
Que, sin querer, se nos pasen los años
besándonos las arrugas.
Que mientras fracaso queriendo parar el tiempo,
te sientes a mi lado con una taza de café
y un beso de buenos días.

Quiero que seas tan libre
que no te basten las piernas para correr.
Quiero que despliegues las alas
y que no tengas miedo,
porque jamás te las querré cortar.
Y que te sientas tan pleno viviendo
que ni te des cuenta de que he vuelto
a tu lado, una noche más.

Quiero que el mundo se nos quede pequeño.
Que las alegrías nos vengan grandes.
Y las lágrimas con cuentagotas,
si son con el corazón en un puño.

Quiero bailar contigo.
Aunque nunca haya sido tu fuerte.

Quiero un último cigarrillo
compartido con tus labios.

MUJER VOLCÁN

Muchos temen tu fuego.
Pero existen los intrépidos dispuestos a estudiar tus misterios.
Que no te apene que salgan corriendo.
Tú eres un fenómeno solo digno de los valientes.

Por donde pasas, destruyes
para construir algo más hermoso.
Siembras tierra fértil. Creas vida, creas islas.
Eres personificación de finales y comienzos.
Eres incontrolable.
Nadie realmente sabrá nunca
desentrañar tus secretos
ni predecir tus explosiones.

Fluyes, salvaje y viajera.
Solo tú puedes convertir las nubes ardientes
en mansos ríos de lava.
Solo tú puedes dominarte a ti misma.

De ti emana pureza.
Pues naces del núcleo de la tierra.
No eres un fenómeno escondido.
Pues actúas a ojos de cualquiera,
por muy escondida que estés en el océano.

Mujer volcán,
naciste para sanar el mundo.
Siéntete orgullosa de lo que eres.

El yunque

No importa las veces que te pierdas en el camino.
Las veces que clames a los cuatro vientos
haberlo encontrado
para volver a toparte con un callejón sin salida.

No importa cuánto llores
mientras tus pies se sigan moviendo.
No importa que aún no te sientas preparada
para mirar hacia delante
mientras hacia delante sea el sentido de tus pasos.

Ningún guerrero nace
en los mullidos brazos de la comodidad.
Y en su proceso, todos creen estar andando
                [en círculos cuando, tras creer ser maestros, caen.

Todos creen que no llegarán a ser nada.
Todos creen no ser suficientes.
Todos creen que la vida les maltrata.

Un día, ese trozo irregular y romo
del metal que eras
se convertirá en un arma digna de señores.
Y entenderás que una gran espada
no está acabada con el primer templado.

Cae, levántate.
Continúa aguantando cada golpe de martillo.
La vida no te maltrata.
La vida te está forjando.

La Parca

Fiel compañera, dolosa es la carga
que vacías con lágrimas en mi pecho.
Cuántos años buscando seducirme,
como una más en tu lista silenciosa.

Moras por los callejones apestada,
cruel enemiga de las ánimas.
Y a mí, por tenderte la mano,
te aferraste cual niña perdida.

Hoy que la luz invade mis rincones,
me libero de mis cadenas,
esas que nos unían al tiempo
como amantes atormentadas.

El día que se arrugue mi semblante,
y queden mis curvas limpias de arena,
te espero en tu lecho si tú, amiga caprichosa,
no me encuentras antes.

Hasta entonces, vaga errante por el mundo,
libérame de tus brazos
hasta que la vida nos una de vuelta.

Malos tiempos

Si ya me lo dijo mi madre, no le gustaba la idea.
Que esos lares no le daban buena espina.
Pero ahí fui yo, con mi maleta llena de sueños,
a meterme en la boca del lobo.

Yo que solo buscaba un lugar tranquilo y seguro,
un paseo los domingos al sol,
una de sofá, peli y mantita...
Y resulta que este antro está lleno de criminales.

Así que una vez más, inocente de mí,
abrí las puertas de mi casa.
Y aquel vecino amigable,
con su sonrisa bien ensayada
destrozó a golpe de desprecio
cada esquina de mi alma.

Recogí el corazón, el pobre diablo no lo vio venir.
Parece mentira, después de tantos atracos
a mano (des)almada.
Así que aquí ando, otra vez de mudanza,
los sueños rotos y los pies cansados.

Si ya me lo dijo mi madre...
Son malos tiempos para los que aman.

El último día

Un día, el rocío bañará por última vez
mis labios marchitos.
Mis párpados caídos lucharán
por despedir la luz del sol
con los ojos abiertos.
El arrullo de las gaviotas
mecerá este saco de huesos
ya cansado de vivir.
Y moriré con las olas en la orilla
reposando en la tierra salvaje,
con una sonrisa de oreja a oreja.

Ojalá y ese día no me pille de sorpresa.
Sino esperándolo con las maletas en la puerta,
con un «¡ya era hora, muchacha!».

Hoy no es ese día.
Y si mañana lo fuera,
le digo, señora Parca,
que jamás me sentí tan viva.

KENIA

Amores de abordo. Amores de mentira.
Susurros en la oscuridad, incompletos por la duda.
La inmensidad del mar bailando
entre palabras tímidamente escritas.
Canciones atemporales que nadie entendía.
Colores en el papel, y también en las mejillas.

Una ventana a medias,
la mejor excusa para tenerte cerca.

Fuimos una obra de arte incompleta.
Quizás solo en mi cabeza,
que sigue buscando tu risa
en el fondo del baúl.
Que, por tal de recordarte,
inventa ojos que se te parezcan
en algún extraño de la calle.

Esta vez no hubo calabaza. Ni ratones.
Solo el silencio del tiempo pasando
por nuestras comisuras impasible.

Solo una cenicienta sin cuento,
abrazando sus harapos,
abrazando tus palabras
como carta de despedida.

PRIMAVERA

Florecer da mucho miedo.
Porque escondida se está muy tranquila.
Y porque las flores, tarde o temprano
se marchitan.

Pero aún con miedo, en algún momento sucede.
Ya la excusa de la mala hierba no te sirve.
Ahora estás a la intemperie.
A merced de lo que venga.

Disfrutando. Del sol. De la lluvia.
De la vida.
De lo cortita que es.
Y de lo poco que duran las flores.

Y por eso ahora, floreces tranquila.
Porque sabes que tu vida
no está en tus flores.
Que tu vida se encuentra en tus raíces.

ÚNICA

Nada en mí estaba roto.

Solo estaba aprendiendo.

Aprendiendo que los nuevos problemas
no se solventan con viejas soluciones.
Que afecto en la vida de los demás.
Que hay otra forma de entender al resto.

He entendido que soy libre, pero tengo límites.
Que las relaciones son más sanas entre iguales.
Que los demás no quieren hacerme daño.
Y que, por ello, no tengo que
defenderme del mundo.

He aprendido a quererme, y a querer.
Con toda la intensidad que siempre me he negado.
Con todos los defectos y particularidades.
Sin querer cambiarme. Sin querer cambiarle.

He aprendido a esperar.
A abrazar la incertidumbre y la paciencia.
A dejar la perfección a un lado. A no buscar un motivo.
He aprendido a sentir.

Soy única. Y así me prefiere el mundo.
En toda mi autenticidad.
No en esa forma voluble y camaleónica.
Sino con mi rareza. Simplemente brillando.
Invitando al mundo a brillar conmigo.

He aprendido. Y tanto que he aprendido.

Que nada en mí estaba roto.
O quizás sí. Quizás sea parte de mi encanto.

EPÍLOGO

CREDO

Demuéstrales a todos los que no creyeron en ti
de qué está hecha esta amazona,
y conviértete en tu mejor versión.

Eres el muro que no tiembla ante las olas,
el escudo que quiebra mil espadas.
Del samurái bajo el cerezo, su katana.
El rey león de tu manada.

Eres inigualable.
Eres invencible.
Que nadie te haga creer lo contrario jamás.

Te quiere

Tu hermano Oso

ASIER VALLEJO GARCÍA

AGRADECIMIENTOS

Este libro no habría visto la luz sin la inestimable ayuda de la editorial Olé Libros (y en especial de Loli), por confiar en mí y ver algo en mi manuscrito que ni siquiera yo creía ser capaz de ver. Tampoco habría sido posible sin la ayuda de quienes participaron en el *crowdfunding* para lanzarlo:

a mis tías, Mayte y Marilú, por inspirar alguna de estas páginas y llenarlas de su cariño y alegría;

a mi amigo Dani (también conocido como *Filete*) por ser un ejemplo de dedicación y perseverancia sin los cuales nunca habría acabado este libro;

a mis padres y a Carme, por ser mis ejemplos de fuerza, constancia e ilusión. Porque jamás habría sido quien soy sin ellos;

a Asier y Belén, mi hermano y mi casi hermana, por confiar en mí ciegamente y darme la idea de comenzar este libro. Y por mil cosas más, porque no tengo palabras para ellos;

a mi amiga y mentora Angélica, por acompañarme en mi despertar y por enseñarme lo bonito de la vida consciente;

a mi amigo Rodri, porque su alegría y su buen rollo trascienden todas las pandemias:

a Bárbara y Loli, dos grandes compañeras, y dos mujerones que se abrieron paso en un mundo de hombres y que lo conquistaron como leonas;

a mi curso, Yolanda, por regalarme los mejores recuerdos en aquella escuela;

a Richar, por su cariño y su confianza en mi proyecto;

a mi niña, Ana, ¡por todo lo que nos queda por vivir juntas, amiga!

Me gustaría, además, agradecer a mis amigos Alfonso, Ari, Kat y Ana por ser un soporte en el proceso y por ser esa familia que se elige.

A mi familia, y en especial a mi abuela Fina, porque son mi suerte, mi gran ejemplo y hogar.

A mis niñas del GAM, sin las cuales jamás habría llegado hasta este punto, especialmente a Sol (Ig: @infanciarespetuosa.es) por asesorarme en el proceso.

A Andrés, por sacarme del abismo y darme las herramientas para crear una nueva vida.

Y ante todo a Dios, por todo lo vivido y por vivir.

¡Gracias, gracias, gracias!

ÍNDICE